《论语》是我的至爱。孔子的话，乍看很简单，但其实句句深入心底。当你感到迷茫、举棋不定时，孔子的话就会浮现在脑海中，而你也会茅塞顿开："啊，原来是这样啊！"

　　我觉得从孩提时代起就应该熟悉《论语》，因此在NHK（日本国家电视台）的《日语玩中学》的节目中，我挑选了好几条《论语》中的名句箴言，希望大家能尽早地接触它、熟悉它。在本书中，我会挑选更多的名言金句，只要你悉数掌握、烂熟于心，那你就不会输给任何一个普通的大人了。

　　首先，请大声朗读书中左页的《论语》原文。这是孔子的弟子们记录的孔子讲学的原话，大声朗读会加深你的记忆。

接着，请阅读书中右页上方，理解原文的含义。然后，请看右页下方，那里是我写的解释，读后相信你会对原文的意义了然于胸。

最后，请将左页的原文反复诵读，直至滚瓜烂熟。

不能全背也没关系，先挑选你喜欢的句子背下来。告诉你一个背诵的秘诀，那就是对你爸爸妈妈说："我背下来了！你听，你听！"然后把你背下来的句子说给他们听。

"朗读、理解、背诵！"

这样，你就把《论语》这一可享用终生的财富拿到手了。

斋藤孝

第①章　人应该怎样活着?

第2章　怎样才能把学习搞好？

目 录

3

第3章　怎样跟朋友友好相处？

第4章　做一个对社会有用的人

第 1 章

人应该怎样活着？

当你觉得到了极限时

雍也篇第六
共三十章
今女画

6·12　冉求曰："非不说①子之道，力不足也。"子曰："力不足者，中道而废。今女②画③。"

---

① 说：通"悦"，喜欢。② 女：通"汝"，你。③ 画：画地自限，止而不进。

现在你给自己画地为界，
其实是在放弃努力。

当你以为到了自己的极限时，你还可以做出五倍的努力！

弟子冉求对孔子抱怨说："先生，您说得都很好，可是我能力不足，办不到啊！"孔子便用这句话严厉地批评他，意思是"在行动之前，别给自己找借口"。

你有没有说过"我脑子笨，不会做""我能力不足，办不到"呢？是真的脑子笨、能力不足吗？是不是低估了自己的能力，试图敷衍了事或者偷懒取巧呢？根据我的经验，当一个人说"不行"的时候，他还可以做出五倍的努力。这可不是骗人。在我的私塾里，我曾与小学生们花了五个半小时，把夏目漱石的小说《少爷》全文诵读了一遍。

千万不要低估自己的能力。当你怯弱地想为自己的能力找借口时，请把这句话读给自己听："今女画！"

里仁篇第四
共二十六章
放于利而行，多怨

4·12　子曰：“放①于利而行，多怨。”

---

①　放：音 fǎng，依据。

如果只考虑自己的利益，就会招致其他人的怨恨。

我为人人，人人为我。

你有没有这样的经历？喜欢吃的点心给自己多留一点，玩游戏时为了不输给对方而作弊耍赖，以为只要不为人所知就行。实际上，这种一心只考虑自己、作弊耍赖的行为是非常可耻的。如果大家都一味追逐自己的利益，社会的规则和法律的尊严就会遭到践踏，而可耻的行为一旦败露，做出这一行为的人自然会成为众矢之的，最终受害的还是自己。

因此当你想自己获利多一些时，就要想想他人，有时即便是自己吃点亏，也要帮助他人。如果对方从你那里获益，他就会想，下次有机会时一定要回报你。就这样，你帮助别人，别人也会来帮助你，最终我们每个人都可以从中获益。

里仁篇第四
共二十六章
君子喻于义，小人喻于利

4·16　子曰："君子喻^①于义，小人喻于利。"

----
① 喻：知道，明白。

君子以大义为重，而小人只看重自己的利益得失。

一个人以正义和信用作为自己的行为准则，金钱会不请自来。

人生在世，金钱不可或缺。但是对于金钱，我们要取之有道，有些人靠着坑蒙拐骗、谋财害命，即便一时腰缠万贯，那也不能给自己带来幸福。比如，时下那些以老年人为对象的诈骗电话，也许很快就会得手，但是通过这种方式获取的金钱，来得容易，去得也快，一旦事发则难免牢狱之灾。反过来，如果一个人始终以正义和信用作为自己的行为准则，则金钱会不请自来。为什么呢？因为如果有一个不顾私利、时刻为他人着想的正义之士，人们自然会信之以托，把工作交给他来做。你身边如果有个守时守信、热心助人的人，你也会放心地把事情托付给他的，不是吗？因此，如果你真想赚钱，那就请走正道、守正义。

述而篇第七
共三十八章
我欲仁，斯仁至矣

7·30　子曰："仁远乎哉？我欲仁，斯仁至矣。"

只要我以"仁"为目标，"仁"这个目标很快就能达到。

> 当你觉得目标"能实现"时，目标便唾手可得。

当你树立一个目标，但又觉得那个目标遥不可及时，你是不是会感到心灰意冷，觉得"我做不到"？其实，如果你下定决心，付诸行动，也许不是很完美，但目标一定能很快实现。不信？那我们现在就试一试吧。孔子所说的"仁"，也有"关爱"之意。做一个"有仁之人"，你可能会觉得太难了。但是，只要你付诸行动，很快就能做到。比如把心爱的玩具送给弟弟玩，帮妈妈做做家务，把文具借给有需要的同学……怎么样？你是不是一个很有爱心的同学？看看周围，能让自己发挥爱心的地方处处都有，做到这些不过是举手之劳。因此，你要知道，目标并不遥远，只要你去做，很快就能实现。

颜渊篇第十二
共二十四章
君子不忧不惧

12·4 司马牛问君子。子曰:"君子不忧不惧。"

曰:"不忧不惧,斯谓之君子已乎?" 子曰:"内省①不疚②,夫何忧何惧?"

---

① 内省:反省自身。② 疚:对于自己的错误感到内心痛苦。

君子既不忧愁，也不恐惧。

> 与其忧心挂怀，不如忘诸脑后。

我们经常会因为这样那样的事而牵肠挂肚、忧心忡忡。我还是小学生的时候，曾因为担心小偷潜入我家而坐卧不安。实际上家里门窗紧闭，父母都在，我的这种忧惧毫无意义。人一旦为某件事放不下心来，思虑愈多，忧惧愈重，心情也随之黯然，振作不起来。因此我跟自己说："不管了！"

有一个超有人气的摇滚歌手，名叫矢泽永吉，据说他在演唱会的前一天紧张得夜不能寐。这个世界上，有的人明天即将迎来决定命运的大考，有的人即将面临生死考验，他们也许都会紧张得夜不能寐。想到这些，你也许心里释然，"忧惧的不只是我一个人"，从而将那些于事无补的忧惧抛诸脑后。

述而篇第七
共三十八章
多闻，择其善者而从之

7·28　子曰："盖有不知而作之者，我无是也。多闻，择其善者而从之；多见而识①之；知之次②也。"

———

① 识：音zhì，记。② 次：次一等、差一等。

多听，从中选择好的东西学。

所知者甚少，却以为那就是全部，这可不行。

你知道"井底之蛙"这个成语吗？意思是只知道自己的狭小世界，不知道天地之广阔。你如果把自己局限在自我的世界之中，那也会变成井底之蛙的。孔子教导我们要多听多学，从中选择自己的喜好和兴趣。如果你已经有自己的喜好，那自然可喜可贺。但千万别自我满足以致闭目塞听，那将让你与更加精彩美好的世界擦肩而过。虚心纳言，增广见识，不惧挑战，这样你就会发现更多更有趣、更了不起的东西。世界比你的眼界所见要广阔得多。

先进篇第十一
共二十六章
未知生，焉知死

11·12　季路问事鬼神。子曰："未能事人，焉能事鬼？"曰："敢^①问死。"曰："未知生，焉知死？"

---

① 敢：谦词，表示冒昧。

活着的道理尚且不知，
怎么能知道死的道理呢？

活着的人是不会知道死后的事的。

我们经常会听到有人说"你的前世如何如何""人死后会怎样怎样"等等，但是孔子把这类话归结为无稽之谈。还没有一个人能死后复生，人死后的世界我们自然也无从得知。人活着的道理尚且还不明白，他怎么会知道人的前世与后世呢?！说这类话的人，大抵是别有用心。当然，敬重超越人类力量的神灵、对亡故的人祈祷多福，这种心意是非常宝贵的。但这也只是个人信仰的问题，你不信也不会因此而遭受惩罚或招致不幸。当今借口占卜、唤灵而招摇撞骗者大有人在，因此我们必须学会思考，善加辨别。

卫灵公篇第十五
共四十二章
己所不欲，勿施于人

15·24　子贡问曰："有一言①而可以终身行之者乎？"子曰："其恕②乎！己所不欲，勿施于人。"

———————

① 一言：一句话。② 恕：宽容、厚道、仁慈，以仁爱之心待人；推己及人，将心比心，处处为他人着想。

自己不喜欢的，不要强加给别人。

你不喜欢的东西，别人也可能同样不喜欢。

如果有人对你说："傻瓜，去死吧！"你一定会非常厌恶。但是反过来，你有没有对别人说过同样的话呢？弟子问孔子："人生当中最重要的是什么？"孔子回答说："那就是'恕'吧。""恕"就是自己所不喜欢的事，不强加给别人。这看似简单，但即便是大人，要身体力行也绝非易事。就我们学生而言，你不愿受人欺负，那你也不要欺负他人；你讨厌别人对你撒谎、说坏话，那你也不要对他人撒谎和说坏话。事事都能设身处地为他人着想，做对他人有利的事，你能做到这些，那就非常了不起了。

为政篇第二
共二十四章
先行其言而后从之

2·13　子贡问君子。子曰："先行其言而后从之。"

先去实现自己要说的话，然后再去要求别人。

光说不练那是假把式。

　　当遭遇挫折时，你有没有这样给自己开脱："只要我愿意，我也能做好。"或者"我还没有使出真本事来呢！"经常把这类话挂在嘴边的人，往往一事无成。孔子说，先去实现自己要说的话，然后再去要求别人。先"行"后"言"，这个顺序不能错。如果你"言"而无人听从，那也许是因为你的"行"还不够。"行"在大人的世界里称为"实绩"，没有"实绩"，你即便说得天花乱坠也不会有人听。所以，你也要注意创建自己的"实绩"。比如，早晨自己起床，不丢三落四，或者每天读书一个小时，这样天天有"行"，你说的话自然有人听，你的愿望也会实现。

对自己没信心

颜渊篇第十二
共二十四章
无信不立

12·7　子贡问政。子曰："足食，足兵[1]，民信之矣。"

子贡曰："必不得已而去，于斯三者何先？"曰："去兵。"

子贡曰："必不得已而去，于斯二者何先？"曰："去食。自古皆有死，民无信不立。"

---

①　兵：兵器。

人无信则无处立足。

把"信"这个字写下来，贴到墙上吧。

你相信自己吗？对自己有信心，人才会变得坚强。

我的父亲经营一家公司，公司里有许多员工，父亲必须对他们的人生与生活负责。因此，父亲为自己买了生命保险，一旦自己生命有虞，就可以为公司留下一笔钱。正是出于这种责任感与自信，父亲勤勉经营，公司得以延续至今。

不相信自己，也就无从建立"自信"。"信"既是"自信"的"信"，也是"信赖""确信"的"信"，我建议你书写一个大大的"信"字，贴到最显眼的地方，用来每天激励自己，从中获得勇气。这样，当你感到沮丧的时候，这个"信"字会成为你的坚实支柱，让你屹立不倒。

不愿被人嫌弃

子罕篇第九
共三十一章
毋意，毋必，毋固，毋我

9·4　子绝四：毋①意②，毋必③，毋固，毋我。

———

① 毋：音wú，副词，表禁止，不要的意思。② 意：凭空猜度。③ 必：不知变通。

不随意猜测，不主观武断，不固执己见，不自我膨胀。

让我们保持一颗柔软的心吧。

孔子要求自己有四"不"，分别是不随意猜测，不主观武断，不固执己见，不自我膨胀。做不到这几点的人，其心太硬。心太硬，不仅招人厌恶，自己也活得太辛苦。比如太固执就会事事要求合乎己见，但最终会一一碰壁，苦不堪言。而如果经常保持一颗柔软的心，自己则会过得很轻松。心要柔软得像史莱姆软泥那样，放进任何模具中都能自由改变自己的形状，这样就可以自适自在、轻松快乐。

孔子是个什么样的人？

孔子是中国春秋时期鲁国人，出生于公元前551年。比耶稣基督还早出生500多年，为我们留下了许多教诲。

据说，孔子的父亲是个军人，在孔子还很小的时候就去世了，孔子的母亲将孔子抚养成人。

孔子的家庭很贫穷，但是孔子对于学习非常用功。对于人应该如何立身处世，君王应该如何管理国家，他有自己独到的见解，并把这些见解传播给人们。

由于孔子知识渊博、见识卓著，许多人慕名而来，成为他的弟子。

第2章

怎样才能把学习搞好？

学而篇第一
共十六章
学则不固

1·8　子曰："君子不重①，则不威。学则不固②。主忠信③。无友不如己者。过，则勿惮④改。"

---

①　重：庄重。②　固：固执己见。③　忠信：忠指对人对事尽心尽力，信指诚信。④　惮：音dàn，畏惧，害怕。

26

多学习就不会使头脑僵化。

你有没有想过"人为什么要学习"这个问题？学习，就是为了不让我们头脑僵化，能让我们从多个角度去思考问题。

比如我们观察长颈鹿。从上俯瞰，我们可能看不出长颈鹿的脖子有多长，但是如果我们尝试从长颈鹿的侧面、后面去观察，那就能看到最真实的长颈鹿了。

不学习的人，知识贫乏，只能单向思维，对事物不能作出正确判断，也不能接纳与自己意见相左的人。因此，为了让自己学会多角度思维，就需要去学习。

学习就是为了让我们能从多个角度去思考问题。

为政篇第二
共二十四章
温故而知新

2·11 子曰："温故而知新，可以为师矣。"

向过去的经验、教训学习，
从中获得新的知识与启示，
这样的人才可以做老师。

　　"温故知新"这句人人皆知的四字成语，经常会在考试中出现，大家一定要记住。它的意思是"温习学过的知识，从中得到新的知识或启示"。这句话之所以广为人知，是因为它告诉了我们学习的正确方法。不能温故就无从知新。比如科学家爱迪生正是学习了前人做过的实验，这才发明了灯泡。如果爱迪生无视前人的实验，那他就要把前人做过的实验重做一遍，这简直就是浪费时间。我孩提时代时还没有荧光灯，而今天街道上到处都是荧光灯。这是因为一名日本科学家发明了蓝色发光二极管。别忘了，他也是汲取前人的经验与知识后才取得这项发明成就的。

有旧知识的积累，
才有新知识的获得。

为什么要做作业呢？

学而篇第一
共十六章
学而时习之，不亦说乎

1·1　子曰："学而时习之，不亦说①乎？有朋自远方来，不亦乐乎？人不知而不愠②，不亦君子乎？"

---

① 说：通"悦"，高兴、愉快。② 愠：音yùn，怨恨。

时时温习学到的东西，
对其加深理解，
是一件令人感到快乐的事情。

　　无论是体育、音乐，还是数学，经过自己的一番努力
而学有所成，你一定会感到很高兴。比起恋爱、赚钱、美
食来，学有所成更令人快乐。孔子说，将学习到的东西时
时温习，变不会为会，变不可能为可能，还有比这更让人
高兴的事吗？因为这意味着你在进步呀！普通人一般讳疾
忌医，不愿承认自己的错误。但是孔子不一样，每当发现
自己的错误，他就会感到由衷的高兴，因为今后就不会重
犯同样的错误了。所以，大家要经常温习，不断减少错
误，这样才能"学有所成"。家庭作业的目的就在于此。

不断减少错误，
人才能取得进步。

什么是"聪明"?

公冶长篇第五
共二十八章
闻一以知十

5·9 子谓子贡曰："女①与回也孰愈②？"对曰："赐③也何敢望④回？回也闻一以知十，赐也闻一以知二。"子曰："弗如也；吾与女弗如也！"

---

① 女：通"汝"，你。② 愈：较好，胜过。③ 赐：子贡名端木赐。④ 望：比。

学到一项知识，能够举一反三，
　领悟到更多的知识。

　　你知道什么是"聪明"吗？是考试能得一百分，还是记忆力特别好？能做到这些，当然可以说头脑很聪明，但还有一个更重要的条件，那就是学到一项知识，能举一反三，领悟到更多的知识。

　　"闻一而知十"，是孔子用来表扬头号弟子颜回的话。颜回特别善于将学到的知识融会贯通，孔子甚至自谦地说自己这一点还不及颜回。

　　当别人问你："学了这个之后，你还能联想到其他的吗？"如果什么也联想不起来，那就是闻一而只知一。我觉得我们至少要闻一而知三。能将自己学到的东西举一反三、融会贯通，这就是聪明的人。你也向颜回学习，做一个聪明的好学生吧。

　　对一个问题，想出十个答案来吧！

雍也篇第六
共三十章

知之者不如好之者，
好之者不如乐之者

6·20　子曰："知之①者不如好之者，好之者不如乐之者。"

---

① 之：此处指学习。

对于任何学问和事业，
懂得它不如爱好它；
爱好它又不如以它为乐。

　　有一次，我跟北野武一起参演一档电视节目。我对他说："你这么忙，还要执导电影，一定很辛苦吧？"他回答说："都是自己喜欢的工作，一点儿也不觉得辛苦。要是谁不让我做，那才叫难受呢。"北野武一心埋头于自己喜欢的工作，乐此不疲。也正因为如此，他才能获得法国最高荣誉的文化勋章。如果将这样的热情投入到工作当中去，何愁办不成事！学习也是一样。如果只是一味地厌恶学习，那终究一事无成。还不如找到自己的爱好，全身心地投入进去。这样因喜好而学习，从学习中感受到快乐，又在快乐中学到更多知识。在玩游戏时，我们很快就会记住游戏中的人设和指令，如果学习也能像游戏一样快乐，那还有什么东西我们学不会呢？

找到自己的爱好，专心致志地学下去。

学习有用吗？

子路篇第十三
共三十章
见小利则大事不成

13·17　子夏为莒父宰①，问政。子曰："无欲速，无见小利。欲速，则不达；见小利，则大事不成。"

---

① 莒父：鲁国一地名，在今山东。莒，音jǔ。宰：地方长官。

拘泥于眼前的蝇头小利，那是做不成大事的。

当面对枯燥的学习时，你也许会想："死记硬背这些东西，有什么用？"的确，九九乘法口诀在生活中随时有用，背得滚瓜烂熟自然有益，但室町幕府是哪年成立的，记不住也不妨碍我们的生活。不过，我们用心答题、动手写字、记住人名和词句，都是在锻炼自己的大脑，可以看作是在为将来做大事做准备。美国棒球职业大联盟的著名选手铃木一郎曾经说过："一件件小事，不断积累，这是成就一项伟业的唯一途径。"想要成为一名一流选手，你就必须每日重复枯燥的练习。

如果你也想将来出人头地，那就不能贪图安逸，懈怠自己。勤奋学习，积少成多，那么终有一日你必会梦想成真。

眼前的学习，正是成就你梦想的预备运动。

卫灵公篇第十五
共四十二章
人无远虑，必有近忧

15·12　子曰："人无远虑，必有近忧。"

人没有长远计划，
烦扰的事情很快就会出现。

　　暑假很快乐，但是作业很让人烦心。你有没有这样想过？明天就要开学了，你这才想起还有很多作业没有完成，于是连忙把爸爸妈妈叫过来帮忙写作业。如果暑假每年都是这样过，那快乐的暑假也就无从谈起了。作业一出来，当天就完成，这是最好的。一天做不完，那就抓紧时间，尽早做完，接下来漫长的暑假就可以无牵无挂地玩个痛快了。其实，养成一个制订计划的习惯，是消除烦忧和不安的良策。你可以每月制订自己的月度计划表，也可以在每年的年初写下自己的年度目标，贴在自己的书桌前。"三年后我一定要考进这所中学！""我一定要考进那所大学！"确立目标，随即制订计划，现在该干什么也就一目了然，自然你也不再会为眼前的小事焦虑了。

> 干净利索地把事情做完，自然一身轻松了。

卫灵公篇第十五
共四十二章
不曰"如之何，如之何"者，吾末如之何也已矣

15·16　子曰："不曰'如之何①，如之何'者，吾末②如之何也已矣。"

---

①　如之何：怎么办。连言表示反复考虑。常说"如之何"的人，是有忧患意识并能深谋远虑的人。②　末：无，没有。

"怎么办？怎么办？"
没有说过这种话的人，
那才是真的无可救药。

　　考试成绩不好，学习总也不会，你有没有因此而感到难过？如果有，那么要恭喜你。为什么呢？因为孔子说过，为不知道该怎样学而忧心，这是学习的第一步。他只教那些有心向学的人。就好像我们牵马到水边，如果马不想喝水，你是没法让它喝水的。学习也是一样。首先你要有"我怎样才能学好呢？"的愿望，然后才会产生"我一定要学会！"的动力，接下来才会产生"啊，我终于学会了！"的学习成果。考试成绩一塌糊涂，却毫不在意，这才是最可怕的。

"我该怎么办？"
为此而苦思良策，这才
是最重要的。

全是他不好！

宪问篇第十四
共四十四章
不怨天，不尤人，
下学而上达

14·35　子曰："莫我知①也夫！"
子贡曰："何为其莫知子也？"子曰：
"不怨天，不尤②人，下学而上达③。
知我者其天乎！"

---

① 莫我知：即"莫知我"。② 尤：归咎，责怪。③ 上
达：上通于天，了解天命。

不抱怨天，不责怪人，
　学习世间的知识，
从中领悟高深的道理。

　　在学校，你有没有觉得老师太偏心？明明是别人不好，可是挨批评的却总是我！是的，你说得没错，不过你可不能怨恨老师，而是要想想，我是不是哪里做得还不够好。美国职业棒球大联盟的著名选手铃木一郎在刚打上职业联赛的时候，由于处理不好与教练的关系，被下放到预备队。可是一郎没有怨恨教练，也没有自暴自弃，而是更加发愤练习，最终在第二年成为有史以来第一位一个赛季打出200个安打的职业选手。在预备队里待了一年，还能打出如此成绩，真是令人惊讶。不怨天尤人，而是把精力用在磨砺自己的技艺上，这才是正确的方式。一郎尚且还有得不到教练认可的时候，我们更无须为老师的评价而自怨自艾。时刻做好准备，机会总会来临。

　　　　想想自己还有哪些不足之处吧！

子罕篇第九
共三十一章
匹夫不可夺志也

9·26　子曰："三军①可夺帅也，匹夫②不可夺志也。"

---

①　三军：周朝的制度，大诸侯国可以拥有军队三军，每军12500人。因此便用"三军"作军队的通称。②　匹夫：古代指平民中的男子，也泛指平常人。

即便是一个平凡人，
也不可失去自己的志气。

    有一种绝对不可失去的宝物，你知道是什么吗？那就是自己的志气。每个人都要有自己的志气，无论是谁也夺不走。这么宝贵的东西，你一定也想拥有吧！假定在中考中，你立志考进一所名校，可是竞争激烈，你也许会落榜，但是你敢于挑战的志气却是任何人也夺不走的。有了这份志气，你就不会为暂时的失败所屈服。每年春季和夏季，我们都会看到甲子园的高中棒球决赛。能出现在甲子园的球队只有少数几支，更多的球队倒在奔向甲子园的路上，但是我们能因此说他们的努力没有意义吗？不会的！他们朝着甲子园付出了巨大努力，这种志气谁也夺不走，一直留在他们的心里。

敢于挑战的勇气非常宝贵。

卫灵公篇第十五
共四十二章
过而不改，是谓过矣

15·30 子曰："过而不改，是谓过矣。"

有错而不加以改正，
那才是真的错。

　　老师把作业本退回来后，你会认真看一遍，再把做错的题改过来，重做一遍吗？不这样做，下次遇到同样的问题，你还会犯同样的错误，那就没有进步。我们大人也是这样。如果某个人总是犯同样的错误，他就会遭到他人的嫌弃："他什么事也做不成！"

　　学习是为了什么呢？是为了找到错误，不让自己犯同样的错误。答题出错，可以说是一次很好的机会，让自己找到差距和不足。把错误处用红笔圈起来，重做一遍并形成习惯。如果能把犯错的原因分析出来，加一条注解，比如"下次要注意小数点的位置"，写在问题的旁边，那就更好了。重做时没有出错，那就说明这个问题你已经完全理解了。当再出现同样的考题时，那就是给你送分了！

　　考试中出错，要把它当成一次机会。

才能是与生俱来的吗？

述而篇第七
共三十八章
我非生而知之者

7·20　子曰："我非生而知之者，好古，敏①以求之者也。"

---

① 敏：勤快，奋勉。

我不是生下来就有知识的。

有人说聪明与不聪明是天生的。喜欢说"我天生就笨，没有办法"这种话。这只不过是给自己不努力、不学习找借口。世上没有天生就笨的人。聪明与不聪明，其差距取决于那个人是否付出过努力。知识渊博如孔子，他的才能也不是与生俱来的。他说，正是因为自己一无所知，才要付出超出常人的巨大努力。其结果就是孔子成为一个知识渊博、备受世人尊敬的伟人。我在考进东京大学时，发现周围都是非常勤奋的同学，令人敬佩。所以，千万不要再找"我天生就笨呀""脑子不开窍"这类的借口了，要像孔子那样，努力学习，喜欢学习，这样你就会成为一个聪明的人。

别说自己天生就笨，那只是一个借口。

子路篇第十三
共三十章
三年有成

13·10　子曰："苟①有用我者，期月②而已可也，三年有成。"

---

① 苟：如果。② 期月：一年。期，音jī，周期。

凡事坚持三年，你必有所成。

　　学习钢琴、游泳这类兴趣课，看到自己总也没有进步，就想打退堂鼓，这样的人并不少见。可是，事实上，无论什么事，只要你坚持学上三年，就一定学有所成。初中时，我对自己的柔道很自信。在上柔道课时，我信心十足地与别人比试了一把，结果输得很惨。对手比我个头小，但是在兴趣班里学过三年柔道。当时我想："不愧是学过三年，到底不一样啊！"开始时学不好也无所谓，只要坚持三年，你就会超出常人。你知道"水滴石穿"这个成语吧？"三年"对于掌握某种技能具有特殊的意义。因此，当你怀疑自己是不是没有学习钢琴、游泳的天分时，那就先坚持三年再说。三年后，你也许已经练就了受用一生的技术。如果要打退堂鼓，到那时再退也不迟。

坚持三年，结果会大不相同！

学习是被迫的吗？

子罕篇第九
共三十一章
止，吾止也；进，吾往也

9·19　子曰："譬如为山，未成一篑①，止，吾止也；譬如平地，虽覆一篑，进，吾往也。"

---

① 未成一篑：差一筐土没有完成。《尚书》有"为山九仞，功亏一篑"的说法，比喻做事要持之以恒才能成功。篑，音kuì，盛土的竹筐。

停，是自己停的。
进，也是自己进的。

　　有人说，"补习班都是妈妈让我上的""中考都是家长安排的"。你是不是也觉得，学习并非自愿，而是不得已而为之？不过，请你好好想想，上补习班也好，参加升学考试也好，学习也好，这些都是你在做，而不是你妈妈在做。既然如此，那做与不做，决定权全在你自己。不想做那就不做。不过，既然你仍然在做，这是你自己的决定，那就不要诿过于妈妈或周围的人。自己要对自己的行为负责。没有这个觉悟，一遇到困难就推卸责任，诿过于人，这样的人大抵是在随波逐流、不能自主中度过一生的。你愿意度过这样的人生吗？

无论做什么，决定权都在你自己的手中。

阳货篇第十七
共二十六章
性相近也，习相远也

17·2　子曰："性相近也，习相远也。"

人与生俱来的天性都相似，但是后天养成的教养与习惯却不相同。

　　有的人天赋过人，你可能会觉得难以匹敌。但是"出生"与"成长"都是可以通过"习惯"来改变的。所谓"习性"就是积久养成的一种习惯，它像与生俱来的禀性一样成为你身体的一部分。成功的人大抵都是利用这种"习性"造就自己的。

　　比如世界著名的恐怖小说作家斯蒂芬·金，他每天上午都会把自己关在书斋里，不接电话不会来客，全身心投入到写作当中。这个习惯令他佳作频出，享誉世界。所以，当你从学校回到家里，先集中一个小时用于学习，然后再自由安排其他活动，这种习惯一旦养成，你会受益多多，最终会变得出类拔萃，与众不同。

> 造就一个人的是"习惯"。

什么是《论语》?

　　《论语》是孔子和他的弟子的语录结集。孔子去世后，由他的弟子及再传弟子们花费很长时间整理而成。

　　《论语》文章众多，全书20篇，约有500章。不过它记载的不是像《圣经》中那样的故事，而是为人立身处世的智慧和教诲。

　　因此，我们不仅要认真阅读《论语》，还要把其中的每篇文章反复诵读，谙熟于心才行。这样，无论你是成功还是失败、悲伤还是喜悦，孔子的教诲时时刻刻都会浮现心头，为你指示人生的方向。

第3章

怎样跟朋友友好相处？

学而篇第一
共十六章
有朋自远方来，不亦乐乎

1·1　子曰："学而时习①之，不亦说②乎？有朋自远方来，不亦乐乎？人不知而不愠③，不亦君子乎？"

---

　　① 习：温习，实习，复习。② 说：音yuè，通"悦"，高兴，愉快。③ 愠：音yùn，怨恨。

朋友从远方来探访我，
这是一件多么令人高兴的事啊！

　　我至今还有许多孩提时代的朋友。当我出差到东京时，总会有朋友来探访我，嘘寒问暖。每当此时，我都会特别开心。我们都是大人，早已成家立业，但是彼此相逢时简单的一句问候就能心灵相通。长大后，我也结交了许许多多的朋友，但是最令我感到格外亲近的，还是小学、初中时的朋友。我们曾经一起用功学习、挨老师批评、一边玩着游戏一边有一句没一句地聊天。你肯定也与我一样，只要与朋友们在一起，就会感到轻松惬意。这是因为这些朋友关系都是在我们的内心还很柔软的时候建立的，长大后即便我们相距万里，只要重逢便能相谈甚欢。孔子将远方的朋友来访视作人生中最大的乐事，你也应该多多结交朋友，长大后还能彼此往来，那是多么让人高兴的事啊！

小学时的朋友很特别哟！

学而篇第一
共十六章
无友不如己者

1·8　子曰："君子不重①，则不威。学则不固②。主忠信③。无友不如己者。过，则勿惮④改。"

---

　　①　重：庄重。②　固：固执己见。③　忠信：忠指对人对事尽心尽力，信指诚信。④　惮：音dàn，畏惧、害怕。

不能结交比自己差的朋友。

"近朱者赤，近墨者黑"，这句成语你知道吗？意思是如果你结交的都是坏人，那么你也会跟着变坏。孔子说："要选择与自己差不多或者比自己更优秀的人做朋友。"

高标准地要求自己其实非常重要。有一位名叫辻（音shí）井伸行的钢琴家，曾在国际钢琴比赛中获得大奖。他回顾说，自己之所以报名参加这种竞争激烈的钢琴比赛，是为了给自己加压，设法提高自己。这种勇气与上进心，令人钦佩。与实力高强的人在一起，自己会获得良性刺激，激励自己不断努力；而与那些低水平的人在一起，你可能会很轻松，但是精神的懈怠会让你永远处在低水平上。

选择能让自己变得更好的人做朋友吧。

如果看到有人受欺负该怎么办？

为政篇第二
共二十四章
见义不为，无勇也

2·24　子曰："非其鬼^①而祭^②之，谄^③也。见义不为，无勇也。"

---

① 鬼：古代人死都叫"鬼"，一般指已死的祖先。② 祭：指吉祭，祭鬼的目的一般是祈福。③ 谄：音chǎn，谄媚，阿谀。

眼见应该挺身而出的事情，却视而不见，这就是缺乏勇气的表现。

当你看到某个人受到他人欺负，你会怎么办？是视而不见、转身离开吗？如果是这样的话，那就是孔子所说的"无勇"，是缺乏勇气的表现。长大后，读了很多书，我才明白一个道理，那就是欺负人的人，他不会自己收手，而被欺负的人也说不出"不"，因此周围看到这一情景的人就必须挺身而出，予以制止。你也许担心挺身而出会连累自己遭到报复，不必担心，你可以向老师举报，老师一定会采取措施的，因为那是他的职责。看到身处困境的人而袖手旁观，视而不见，我们称之为"老好人主义"。假如邻家失火，大家都是一副事不关己的样子，那世界会怎样？你愿意那样吗？

如果大家都袖手旁观，逐利忘义，社会就会变得越来越糟。

学而篇第一
共十六章
不患人之不已知，
患不知人也

1·16　子曰："不患①人之不己知②，患不知
人也。"

___

① 患：担忧，害怕。② 不己知：即"不知己"，不了解
自己。

不要担心别人不了解自己，
而更要担心自己不了解别人。

　　你的身边是否有人只顾说自己的事？"喂，喂，听着听着，我还做了这样的事呢。"或者"前不久，我还去了那里呢！"等等，口若悬河。其实这种人往往目中无人，也大抵不招人喜爱。而他自己也不自觉，因为他的眼中本来就没有其他人。真正的朋友，他们谈话的礼仪是"先说，再问"。让我们来看看樱桃小丸子和小玉的对话吧，她们都是先说自己的事，再聆听对方的话。所以，重要的不是让对方了解自己，而是要让自己了解对方，否则的话就成不了朋友。想要了解对方，那就多问："昨天你做什么了？""你喜欢哪本书？"当你抱怨大家不愿听你说话时，你要想想你有没有好好地向同学提问呢？

自己讲了多少，也要聆听他人多少。

宪问篇第十四
共四十四章
知我者其天乎

14·35　子曰：“莫我知①也夫！”子贡曰：“何为其莫知子也？”子曰：“不怨天，不尤②人，下学而上达③。知我者其天乎！”

---

①　莫我知：即“莫知我”。②　尤：归咎，责怪。③　上达：上通于天，了解天命。

能理解我的，只有天吗？

　　你是否曾为没有一个知心朋友而感到沮丧？其实，为此感到沮丧的并不止你一人。大家都在拼命寻找理解自己的知心朋友。但这并非易事，因为要让他人理解自己确实非常难。大家都在孤独地活着，但这并不意味着我们是一个人孤孤单单地前行。朋友不理解你，你大可宽慰自己有上天理解我就可以了。孔子在世时理解他的人也不多，事业也非一帆风顺。但是孔子并没有怨天尤人，而是以一句"知我者其天乎"来激励自己。不因前路无知己而纠结沮丧，要想着"上天在看着我"，这样才能一心向前，百折不回。

　　别灰心，上天在看着你哟。

雍也篇第六
共三十章
不迁怒，不贰过

6·3　哀公问："弟子孰为好学？"孔子对曰："有颜回者好学，不迁怒①，不贰②过。不幸短命③死矣，今也则亡④，未闻好学者也。"

---

①　迁怒：将怒气发泄到别人身上。②　贰：再次，重复。③　短命：据《史记·仲尼弟子列传》记载，颜回比孔子小三十岁，而早于孔子去世，故孔子称他短命。④　亡：音wú，同"无"。

不把怒气发泄到无关的人身上，也不重犯同样的错误。

　　这句话是孔子评价其头号弟子颜回时说的。

　　你有没有对他人说过"恶心""讨厌"，甚至"去死吧"这样的话？人一旦说出这些字眼儿，内心就会变得狂野，人就会失去自制力。为一点琐事而冲昏头脑，进而言行逐步升级，伤人害己。要避免这种行为发生，你首先要学会反省。你会打坐吗？当你说了不该说的话，做了不该做的事，那就认认真真地打坐，闭上眼睛，然后好好想想自己错在哪里。人一旦打坐，内心就会进入反省模式。不要仰躺在沙发上，而是正正经经地打坐，养成反省的习惯，这样你就不会轻易动怒，也不会犯下不可挽回的大错了。

> 认真打坐，虚心反省吧。

雍也篇第六
共三十章
人之生也直

6·19　子曰："人之生也直①，罔②之生也幸而免。"

---

① 直：正直。② 罔：音wǎng，诬罔的人，不直的人。

人能够活在世上，
凭借的是他的正直。

老师和朋友不认可自己的能力，为此你感到很失望。不过，如果因此而闹情绪、耍脾气，这对你毫无益处。孔子说，人如果能够活得正直诚实，他就会获得幸福。正直诚实的人，总有一天会崭露头角，脱颖而出。小学时代，我曾代表学校参加田径大赛，身为替补，我很不甘心。但是当比赛开始以后，我全力为同学们鼓劲加油，全队不分主力和替补，大家团结一心，全力投入比赛，气氛非常热烈。我觉得这比一个人闹别扭要好得多。实际上，听一些教练说过，他们也在时刻关注着替补队员的表现，看他们是否在真心支持团队，只有那些与团队保持一心、全情投入的人，才有可能获得第二次机会。每个人都有不曾得到认可的时候，越是这样越要坚守本分，做好自己，机会总是留给有准备的人的。

别闹情绪，做好自己，机会总会来的。

受 到 指 责 ， 很 生 气

述而篇第七
共三十八章
苟有过，人必知之

7·31　陈司败①问："昭公知礼乎？"孔子曰："知礼。"

孔子退，揖②巫马期③而进之，曰："吾闻君子不党④，君子亦党乎？君取⑤于吴，为同姓，谓之吴孟子。君而知礼，孰不知礼？"巫马期以告。子曰："丘也幸，苟有过，人必知之。"

---

①　陈司败：人名，据说是齐国大夫。②　揖：音yī，拱手礼。③　巫马期：孔子弟子，姓巫马，名施，字子期，小孔子三十岁。④　党：偏私，偏袒。⑤　取：同"娶"。

如有过错，
别人一定会发现并告诉我。

　　假如老师和同学对你说"你错了"，你的心情会怎样？一定很不爽吧？不过，在我看来，别人能指出自己的过错，实际上是一件非常值得庆幸的事。读小学时，参加一次理科实验，我提出了自己的一条思路，认为是"绝对正确"的，但是班里的一位同学跟我说"你弄错了"，后来实验也证明我的想法是错误的。我感到很难为情，但还是坦白地承认自己错了。这样一来，我既无须再纠结于自己的过错，同时也为弄清自己错在何处而感到高兴。许多获得诺贝尔奖的科学家，他们都为能有人指出自己的错误而感到喜悦。在成人的世界里，已经难得有人指出自己的错误了，因此趁着你们还小，要是有人对你说"你错了"，那就知错就改，并谦虚诚恳地感谢他吧！

　　能有人指出自己的错误，那是件值得庆幸的事。

述而篇第七
共三十八章
三人行，必有我师焉

7·22　子曰："三人行，必有我师焉：择其善者而从之，其不善者而改之。"

几个人在一起，一定能从中找到值得做我老师的人。

　　如果每天都能和与自己合得来的同学在一起，那自然好，但是世事不如意者十之八九。换班后你可能与最讨厌的孩子在一起，长大后进了公司，你连"我喜欢谁""我讨厌谁"都只能咽在肚子里，不能说出来了。所以，我们要换个思维方式，这样想："任何人都有值得我学习的地方。"比如，有个招人厌恶的孩子，那就以他为借鉴，时刻提醒自己不要像他那样；学习不好的孩子，他总有其他擅长的地方值得自己学习。我有个朋友，学习平平，但是历史学得特别好。我就向他请教学习历史的方法，后来历史也成为我喜爱的一门课。所以，从自己周边找到有一技之长的人做自己的老师，虚心向他们请教，这样无论你与什么样的人交往，你都会收获满满，得益良多。

任何人都有值得自己学习的地方。

子路篇第十三
共三十章
君子和而不同，
小人同而不和

13·23　子曰："君子和①而不同②，小人
同而不和。"

---

①　和：和谐。②　同：等同。

君子与众人都能和睦相处，但内心自有主张，也不强求他人认同自己；而小人虽然同流合污，但却无法和睦相处。

　　我现在在大学教书，看到一些大学生连上厕所都要成群结队地去才行。他们是心心相印的真朋友吗？我看不是。他们就是"同而不和"，不与朋友同步就会感到不安，这实际上是怯懦的表现。真正能干的人并不惧怕与朋友不同。比如，当朋友提出去偷东西时，尽管平时关系很好，也要大胆说出"我可不去"予以拒绝；当别人说"不学了，去玩吧"时，能够毫不犹豫地说"我还要去补习班呢"。美国职业棒球大联盟的选手铃木一郎，他在上学时有很多朋友，但是放学后他不是与朋友玩耍，而是一个人去练习棒球。平时大家关系和睦，但自己该做的事从不懈怠，这样的人才是值得朋友期待的优秀人才！

大家关系好，并不等同于做什么事都要一致。

卫灵公篇第十五
共四十二章
君子求诸己，小人求诸人

15·21 子曰："君子求诸己[①]，小人求诸人。"

---

① 诸："之于"的合音。"求诸己"就是"求之于己"，对自己责求。

君子都是从自己身上找不足，而小人总是将自己的错误归咎于别人。

事不如意，很多人不是从自己身上找原因，而是推卸责任，怪罪于人。但是如果凡事敷衍塞责，那就无法反省自己，也就无法成长。为什么会这样？我究竟错在哪里？养成这样自我反省的习惯，我们就能做到知错必改，取得进步，也才能得到他人的认同。但是如果觉得都是他人的错，那自己就会落入求全责备、怨天尤人的陷阱。朋友最不喜见的就是那些自以为是、怨天尤人的人。因此当事情进展不顺时，在责难他人之前，先想想自己有无值得反省与检讨之处。即便真是错在对方，谦虚反省的态度也是非常重要的。

总是怨天尤人，那就不可能取得进步。

卫灵公篇第十五
共四十二章
辞达而已矣

15·41　子曰：“辞①达而已矣。”

----

① 辞：言辞。

说话言辞达意很重要。

　　"我也说不清楚，不过你是我的朋友呀，你应该明白呀。"这样的话，你说过吗？有的朋友，无须语言，只凭一个眼神、一个动作，他就能明白你的心意。但是从一开始你就期待着朋友与你心有灵犀，这未免有些天真。即便是关系亲密的朋友，你也需要通过语言向他表达清楚。"我想要表达什么？""我想要传递什么？"用通晓的词语清清楚楚地告诉他。趁着你们还小，多多练习，否则长大成人之后就会遇到许多麻烦。怎么练习呢？那就是将你要表达或传递的内容写下来。文章中使用的语言叫书面语，经常写文章和读书，就会慢慢习惯使用书面语，那时就能轻松做到言辞达意、言简意赅了。

用别人听得懂的话，清楚地表达自己的意思吧。

孔子都有哪些弟子？

　　据说，孔子有三千多名弟子。在他的弟子当中，最为优秀的弟子有十人，人称"孔门十哲"，又由于他们在四个领域尤其出类拔萃，因此又有"四科十哲"之称。

　　孔子的头号弟子是仁德兼备的颜回，但是因病早逝。颜回去世时，孔子非常悲伤，哀叹道："天要亡我！"

　　此外，孔子的得意弟子中还有擅长武术的子路、有雄辩之才且善经营之道的子贡以及精通文学的子夏，等等。

第4章

做一个对社会有用的人

为政篇第二
共二十四章
吾十有五而志于学，三十而立，四十而不惑，五十而知天命

2·4　子曰："吾十有①五而志于学，三十而立②，四十而不惑，五十而知天命，六十而耳顺③，七十而从心所欲，不逾矩。"

———————————

①　有：通"又"。②　立：立身行事。③　耳顺：指听别人说话便能分辨是非。

我十五岁时有志于做学问，三十岁时能够自立于世，四十岁时已经明了各种事情而不会迷惑，五十岁时知道自己的使命所在。

　　你也许在思考自己的未来，只是还不清晰，为此感到些许迷茫。是的，如果想让自己成为对社会有用的人，那么现在就对未来认真思考，预做准备，这是非常必要的。孔子十五岁时就立下志向，做一个大学问家。二十多岁时勤学好问，博览群书，到三十岁时就可以作为一名学者自立于世了。所以你也可以在十五岁时确定自己的目标，然后朝着目标发奋学习。目标一旦确定，学习就有了动力。孔子把目标称作"志"。人无志，则人生漫无目标，即便上了大学，也不知道该学什么、为何而学，如能侥幸毕业，也找不到称心的工作，整日游手好闲，这样的人大有人在。我认为这就是在虚度人生，实在可悲。因此，少年的你，发奋学习，朝着自己的目标努力吧！

少年时要努力学习，为将来做准备。

我想做一个勇敢的人

泰伯篇第八
共二十一章
勇而无礼则乱

8·2　子曰："恭而无礼则劳①，慎而无礼则葸②，勇而无礼则乱，直而无礼则绞③。君子笃④于亲，则民兴于仁；故旧不遗⑤，则民不偷⑥。"

---

①　劳：烦扰不安。②　葸：音xǐ，畏缩，胆怯。③　绞：音jiǎo，尖刻刺人。④　笃：音dǔ，指感情深厚，态度诚恳。⑤　遗：抛弃。⑥　偷：情意淡薄，不厚道。

勇敢却不守规矩，
那不过是个恶徒。

我们看柔道或剑道的比赛，尽管在比赛中双方激烈肉搏，绝不相让，但是在比赛开始与结束时，都会相互致礼。这是为什么呢？这是因为，如果没有这两个环节，那无异于街头的打斗。拼尽全力，决出胜负之后，双方握手，称许对方，和平友好，这才是有教养的人。橄榄球比赛结束时，一声哨响，双方就要停止攻防，相互握手致意。经过这一环节，无论胜负，两队球员都能神清气爽。在这里，"礼"的作用就是平复大家的心情。胜者不趾高气扬，败者不嫉恨纠结。开始与结束时相互致礼，这一现象也多见于我们的生活之中。比如上课前后都要恭敬致礼就是如此。设置这一环节，同样也为的是整理心情，以便师生能全身心投入到课堂上。守礼并非多余，它反而能激发勇气与坚强。

没有规矩，再勇敢的人也不过是个恶徒。

先进篇第十一
共二十六章
夫人不言，言必有中

11·14　鲁人为①长府②。闵子骞曰："仍旧贯③，如之何？何必改作？"子曰："夫人④不言，言必有中⑤。"

---

①　为：翻修。②　长府：国库。长，音cháng。③　贯：常例。④　夫人：这个人。夫，音fú。⑤　中：音zhòng，中肯。

他平时不大开口说话，
但一开口就能说中要害。

　　孔子有个弟子，平时寡言少语，但是一开口总是言之有物，直击要害，连孔子都说要向他学习。一个人无论多么能说会道，但侃侃而谈却言之无物，也仍然得不到他人的尊重。学校的面试、公司的录用考试，其实就是测试这个人是否有准确把握问题以及回答问题的能力。因此，不善言谈也无须过多在意。为了提高自己快速、准确地回答问题的能力，我们可以借用秒表来做练习。先做十五秒的练习，要求自己在十五秒内回答问题。十五秒做到后，可把时间延长至三十秒、一分钟。一般一分钟可以完整地回答一个问题。我们还要养成一个习惯，就是在回答问题之前，先在脑子里面把答案过一遍。我在讲述某件事情时，会先在笔记本上写下要点，这样在讲话时就不会有遗漏了。

　　话不在多，言之有物才是最重要的。

事情做不到完美我就不高兴

先进篇第十一
共二十六章
过犹不及

11·16 子贡问："师①与商②也孰贤③？"子曰："师也过，商也不及。"

曰："然则师愈④与⑤？"子曰："过犹不及。"

---

① 师：颛孙师，字子张。② 商：卜商，字子夏。③ 贤：强，胜。④ 愈：较好，胜过。⑤ 与：音yú，同"欤"。

事情做过头与做得不够，其实都不好。

　　我有个这样的朋友。老师对他说："要想学习好，工工整整记笔记很重要。"于是他就把所有精力投入到记笔记当中，工工整整，井井有条，却因此疏忽了更重要的学习。

　　所以说，凡事不可过度。当然，笔记记得一团糟，那也会影响学习。这中间有个"度"。凡事都有个度，要居于中。孔子称其为"中庸"，他认为中庸很重要。比如做菜，加盐要适度，加多了盐菜就没法吃了。能够找到恰到好处的度，这才是人中龙凤。

　　做什么事都要讲究平衡。

我想找个赚钱的职业

颜渊篇第十二
共二十四章
先事后得

12·21 樊迟从游于舞雩[①]之下，曰："敢问崇德，修慝[②]，辨惑。"子曰："善哉问！先事后得，非崇德与？攻[③]其恶，无攻人之恶，非修慝与？一朝之忿[④]，忘其身，以及其亲，非惑与？"

---

① 舞雩：祭坛，鲁国祭天求雨的地方，在山东曲阜。雩，音yú。② 修慝：消除邪恶。慝，音tè，邪恶。③ 攻：批判，指责。④ 忿：音fèn，愤怒。

先付出劳动，然后才有收获。

孔子说，若要将工作与赚钱排序的话，我首选工作。实际上，这样排序你才能真正赚到钱。这样说，你可能不相信，但这却是千真万确的。比如，某个人交给你一项工作，即便毫无报偿你也认真对待，有始有终，这样对方就会放心交给你第二项工作，也不好免费用你了，也许会支付你1000日元。这次做好后，下次就会支付1500日元。这种信赖，会不断地给你带来新的工作。但是如果眼中只有赚钱，工作还没有做就开始讨价还价，对方也会感到厌烦，更不会把工作交给你了。因此，先付出劳动，然后再去考虑利益，按照这种优先顺序去面对工作与利益，你的愿望才能真正实现。

别考虑赚钱，先把工作做起来！

怎样才能追赶时髦的话题？

宪问篇第十四
共四十四章
君子上达，小人下达

14·23　子曰："君子上达①，小人下达。"

———————

① 达：通达，明白畅通。

君子以追求高尚为荣，
而小人以追逐低俗为乐。

　　我喜欢看电视，但有些电视节目粗俗不堪，看多了脑子会变得空虚无物。网络世界也是如此，恶语相向者有之，行走在犯罪边缘的网站更是不可胜数，人如果沉浸其中难以自拔，必将成为一个低俗卑劣的人。

　　"物以类聚，人以群分"这句话，你知道吗？同一类型的人总会自然而然地聚到一起。世上既有追名逐利、恶俗低下的人，也有秉持高尚理想、追求正义的人。你如果想成为一名受人尊敬的优秀的人，那就去结识高尚的人、从事高尚的事。观赏名画、聆听古典音乐、阅读好书，这些都可以让你脱离低级趣味。与高尚的人在一起，你的周边自然会聚集一批优秀的人，而你也自然会成为一名受人尊敬的人。

　　摆脱低级趣味，向优秀的人看齐。

怎样让自己"酷"起来?

学而篇第一
共十六章
巧言令色，鲜矣仁

1·3　子曰："巧言①令色②，鲜矣仁！"

---

① 巧言：花言巧语。② 令色：好的脸色。这里指假装和善。

伶牙俐齿、外表光鲜的人，
大都缺乏真心。

　　当今是一个注重外表的时代。伶牙俐齿，外表光鲜，确实引人注目，但是与这样的人交往久了，你就会感到厌倦，因为他虚有其表，名不副实。因此被外表所吸引而建立的关系不会持久。欺世盗名者、敷衍塞责者，大抵都是心口不一、阳奉阴违的人。如果只注重外观，就很容易受到他们的吸引，成为他们欺骗的牺牲品。浅薄者只与浅薄者在一起。为了不使自己成为一个浅薄无知、容易上当受骗的人，那就要不断地充实自己的内心。读书学习，把精力用于充实自己的内心，磨砺自己的心智。

　　如果有一天，你开始注重粉饰自己、用花言巧语开脱自己，那就对自己说："巧言令色，鲜矣仁！"

　　充实内心比粉饰外表更重要！

有个人总是让我心烦，怎么办？

八佾篇第三
共二十六章
君子无所争

3·7　子曰："君子无所争。必也射①乎！揖让②而升③，下而饮。其争也君子。"

---

① 　射：射礼。古时比试射箭，射中少者被罚饮酒。
② 揖让：拱手为礼，表示谦让。揖，音yī。③ 升：登。

君子对什么都不争。

　　世上不可理喻的怪人并不鲜见。比如脚踩他人却拒不道歉，或者你礼貌打招呼，他却视而不见，等等。孔子把这类人称为"小人"。小人不干正事、疑神疑鬼、喜怒无常。你如果与小人争吵、郁郁寡欢，那也成了小人。也就是说，生小人的气也是小人。高尚的人，孔子称其为"君子"。君子不会为无聊的事生气争吵。你如果因为什么事而怒火中烧，那就想想"君子无所争"这句话，平复自己的情绪吧。将世上的人分为"君子"和"小人"加以观察，其实也很有趣。比如"那个车站工作人员工作忙碌，但是微笑着面对所有顾客，是个君子""那个店员面目狰狞，是个小人"，等等。然后提醒自己，向君子学习，不做小人。

　　"君子"不会为琐事而生气。

活着是为了追求什么？

里仁篇第四
共二十六章
朝闻道，夕死可矣

4·8 子曰："朝①闻道②，夕死可矣。"

---

① 朝：音zhāo，早晨。② 道：真理。

早晨如能了解人生的真谛，那么晚上死去也心甘。

人生的意义是什么？我们该如何度过一生？孔子说：如果能了解人生的真谛，哪怕死了也甘心。孔子就是以这样的态度拼命追求人生的真谛。我们也应该如此追求理想，即便最终未能实现理想，找不到答案，那也无所谓。重要的是不半途而废，矢志不渝。这才是人的生存之道。请你也记住这句话。追求理想所走过的路，那正是你的人生。明白这个道理，你就不会偏离正道，而是找到自己的使命，活出人生真正的意义。让我们也像孔子一样去追求伟大的人生真谛吧。

不断地追求理想，
人生才有意义。

孔子度过了怎样的一生？

孔子15岁时立志当一名学问家，30岁时作为一名学者崭露头角。但是孔子在世时，中国正处于群雄割据、诸侯林立的春秋时期。孔子出生的鲁国，政治不稳定，加上政敌嫉妒他的才能，孔子的仕途并不顺利。等到实力得到认同，在仕途站稳脚跟时，孔子已经51岁了。鲁国的国君听从孔子的劝言，仅仅用了4年就实现了国家政治的稳定。

鲁国的一些权贵大臣们视孔子为眼中钉，必欲除之而后快，在他们的阴谋下，孔子被逐出鲁国朝堂。此后14年间，孔子带着他的弟子们周游列国，直到68岁时才回到鲁国。

但是此时的孔子已经无意从政，他决定作为一名教育者专心从事教育，培养弟子。孔子享年73岁，他的一生绝非顺风顺水，但在其苦难的一生中所结晶的教诲，历经2500余年，至今仍被世人奉为圭臬，作为人生不贰的指针。

《论语》原文

——致小学生

目　录

1·4 曾子^①曰："吾日三省^②吾身——为人谋而不忠乎? 与朋友交而不信乎? 传^③不习乎? "

注释：①曾子：孔子学生，姓曾，名参（shēn），小孔子四十六岁。

②三省：多次反省。三，多次。省，音xǐng，反省。

③传：音chuán，指老师传授的学业。

译文：曾子说："我每天多次自我反省：替别人办事是否尽心竭力了呢? 同朋友交往是否诚实呢? 老师传授我的学业是否好好复习了呢? "

✽　✽　✽

1·6 子曰："弟子①入则孝，出则悌②，谨③而信，泛爱众，而亲仁。行有余力，则以学文④。"

注释：①弟子：通常指学生，这里指年轻人。

②入则孝，出则悌：这两句互文见义，指出入起居都要讲孝悌。悌，敬爱兄长。

③谨：谨慎。

④文：这里指诗书等文献典籍。

译文：孔子说："年轻人，出入起居都要孝顺父母，敬爱兄长，要行为谨慎，言语有信，博爱大众，亲近有仁德的人。这样躬行实践之后，有剩余的精力，就再去学习文献。"

为政篇第二

2·14　子曰：“君子①周②而不比③，小人④比而不周。”

注释：　①君子：指道德高尚的人。

②周：团结多数人。

③比：指由于暂时的利害关系而相互勾结，结党营私。

④小人：指道德卑下的人。

译文：　孔子说：“君子从道义上团结而不相互勾结，小人相互勾结而不从道义上团结。”

✾　✾　✾

2·15　子曰："学而不思则罔①，思而不学则殆②。"

注释：①罔：音wǎng，通"惘"，迷惘，没有收获。

②殆：音dài，疑惑。

译文：孔子说："只读书却不思考，就会感到很迷茫；只空想而不读书，就会疑惑不解。"

❀　❀　❀

2·17　子曰："由①！诲女②知之乎！知之为知之，不知为不知，是知③也。"

注释：①由：孔子学生，姓仲，名由，字子路，小孔子九岁。

②女：通"汝"，你。

③知：通"智"，有智慧。

译文：孔子说："由，教给你对待知或不知的正确态度吧！知道就是知道，不知道就是不知道，这才算得上聪明智慧。"

❀　❀　❀

2·22　子曰："人而无信，不知其可也。大车无輗①，小车无軏②，其何以行之哉？"

注释：　①輗：音ní，大车（牛车）车辕与驾辕的横木相衔接的活销。

　　　　②軏：音yuè，小车（马车）车辕前端与车横衔接处的关键。

译文：　孔子说："作为一个人，却不讲诚信，不知那怎么可以。这就像大车没有安横木的輗，小车没有安横木的軏，如何能走呢？"

八佾篇第三

3·25　子谓《韶》，"尽美矣，又尽善也。"谓《武》："尽美矣，未尽善也。"

注释：　①《韶》：舜时的乐曲名。由于舜是由尧禅让而有天下，所以孔子认为《韶》"尽善尽美"。

②《武》：周武王时的乐曲名。由于周武王靠武力取得天下，所以孔子认为《武》"尽美而未尽善"。

译文：　孔子评价《韶》乐说："乐曲美极了，而且内容也好极了。"评价《武》乐说："乐曲美极了，但内容还不够好。"

里仁篇第四

4·10　子曰："君子之于天下也，无适①也，无莫②也，义③之
　　　与比④。"

注释：　①适：可以。

　　　②莫：不可。

　　　③义：合理，恰当。

　　　④比：音bì，挨着，靠拢，依附。

译文：　孔子说："君子对于天下的事情，没有规定要怎样做，也没有

　　　规定不要怎样做，只要怎样做合理恰当，就怎样做。"

❀　❀　❀

4·11　子曰："君子怀①德，小人怀土②；君子怀刑③，小人怀惠④。"

注释：　①怀：关心，怀念。

　　　　②土：土地。

　　　　③刑：刑罚，法度。

　　　　④惠：恩惠，好处。

译文：　孔子说："君子关心道德教化，小人关心乡土田宅；君子关心法度，小人关心恩惠。"

❊　　❊　　❊

4·17　子曰："见贤①思齐②焉，见不贤而内自省也。"

注释：　①贤：贤人。

　　　　②齐：看齐。

译文：　孔子说："看见贤人，便应该想想怎样向他看齐；看见不贤的人，便应该从内心自我反省，看看自己有没有同他类似的毛病。"

❊　　❊　　❊

4·18　子曰："事父母几①谏，见志不从，又敬不违②，劳③而不怨。"

注释：　①几：音jī，轻微，婉转。

　　　　②违：触忤，冒犯。

　　　　③劳：忧愁。

译文：　孔子说："侍奉父母，（如果他们有不对的地方，）应该婉言劝止。看见自己的意见父母没有听从，仍然要恭恭敬敬，不要冒犯他们，即使内心担忧，也不怨恨。"

❀　❀　❀

4·19　子曰："父母在，不远游①，游必有方②。"

注释：　①游：游历，外出求学或求官。

　　　　②方：去向，方位。

译文：　孔子说："父母在世的时候，不去远方游历。如果不得已要出远门，必须有明确的去处。"

❀　❀　❀

4·21　子曰："父母之年^①，不可不知也。一则以喜，一则以惧。"

注释：　①年：年龄，年纪。

译文：　孔子说："父母的年龄不能不时刻记在心里：一方面因父母高寿而高兴，另一方面又因为他们年事已高而有所恐惧。"

＊　＊　＊

4·24　子曰："君子欲讷于言^①而敏于行。"

注释：　①讷：音nè，言语迟钝，这里指说话谨慎。

译文：　孔子说："君子说话要小心谨慎，行动要勤快敏捷。"

公冶长篇第五

5·12　子贡曰："我不欲人之加^①诸我也，吾亦欲无加诸人。"子曰："赐也，非尔所及也。"

注释：　①加：凌驾、施加。

译文：　子贡说："我不希望别人把我不想要的东西强加给我，我也不想把别人不想要的东西强加给别人。"孔子曰："赐啊，这不是你能做到的。"

❋　❋　❋

5·15　子贡问曰：“孔文子^①何以谓之‘文’也？”子曰：“敏^②而好学，不耻下问，是以^③谓之‘文’也。”

注释：　①孔文子：春秋时代卫国大夫，姓孔，名圉(yǔ)。“文”是谥号。

②敏：勤勉。

③是以：因此，所以。

译文：　子贡问道：“孔文子为什么能得到‘文’这个谥号？”孔子道：“他聪敏好学，又不以谦虚下问为耻，所以用‘文’做他的谥号。”

✳　✳　✳

5·20　季文子^①三思而后行。子闻之，曰：“再^②，斯可矣。”

注释：　①季文子：鲁国大夫季孙行父，“文”是谥号。

②再：两次。

译文：　季文子对每件事都要考虑多次才行动。孔子听到后，说：“考虑两次也就可以了。”

✳　✳　✳

5·25　子曰:"巧言、令色、足恭①,左丘明②耻之,丘亦耻之。匿怨③而友其人,左丘明耻之,丘亦耻之。"

注释:　①足恭:十足的恭敬。这里指过分恭敬而无所节制。

②左丘明:相传是《左传》的作者,与孔子同时代而略长于孔子。

③匿怨:暗地里怨恨。匿,音nì,隐藏。

译文:　孔子说:"花言巧语,伪装和善,过分的恭顺,这种态度,左丘明认为可耻,我也认为可耻。心中藏着怨恨,表面上却同人家要好,这种行为,左丘明认为可耻,我也认为可耻。"

❋　　❋　　❋

5·26　颜渊①、季路②侍③。子曰:"盍④各言尔志?"

子路曰:"愿车马衣裘与朋友共,敝⑤之而无憾。"

颜渊曰:"愿无伐⑥善,无施⑦劳。"

子路曰:"愿闻子之志。"

子曰:"老者安之,朋友信之,少者怀之。"

注释:　①颜渊:即颜回,字子渊。

注释： ②季路：即仲由，字子路，又字季路。

③侍：站在身边侍奉。

④盍：音hé，何不。

⑤敝：音bì，破旧。

⑥伐：夸耀。

⑦施：表白，夸大。

译文： 孔子坐着，颜渊、季路两人站在孔子身边侍奉。孔子说："你们何不各自说说自己的志向？"

子路说："我愿意把我的车马衣服同朋友共同使用，即使用坏了也没有什么遗憾。"

颜渊说："我愿意不夸耀自己的好处，也不表白自己的功劳。"

子路说："希望听到您的志向。"

孔子说："（我的志向是，）让老年人生活安逸，朋友之间相互信任，年幼的人得到照顾。"

雍也篇第六

6·4 子华①使于齐，冉子②为其母请粟。子曰："与之釜③。"
请益。曰："与之庾④。"

冉子与之粟五秉⑤。

子曰："赤之适齐也，乘肥马，衣⑥轻裘。吾闻之也：君
子周⑦急不继富。"

注释：①子华：孔子学生，姓公西，名赤，字子华，小孔子四十二岁。

②冉子：即冉有。《论语》中，孔子弟子称"子"的只有曾参、有
若、闵子骞和冉有四人。

③釜：音fǔ，古代度量单位，六斗四升为一釜。

④庾：音yǔ，古代度量单位，二斗四升为一庾。

⑤秉：音bǐng，古代度量单位，一百六十斗为一秉。

⑥衣：音yì，动词，穿。

⑦周：救济。

译文：　公西赤（子华）出使齐国，冉有替公西赤的母亲向孔子请求小米。孔子说："给他六斗四升。"

冉有请求增加。孔子说："再给他二斗四升。"

冉有却给了他八百斗。

孔子说："公西赤到齐国去，坐着由肥马驾的车辆，穿着又轻又暖的皮袍。我听说，君子只是救济有急难的人，而不给富人添富。"

❈　　❈　　❈

6·11　子曰："贤哉，回也！一箪①食，一瓢饮，在陋巷，人不堪②其忧，回也不改其乐。贤哉，回也！"

注释：　①箪：音dān，古代盛饭的圆形竹器。

②堪：忍受。

译文： 孔子说："真有贤德啊，颜回这个人！吃的是一竹筐干饭，饮的是一瓜瓢凉水，住在简陋的小巷子里，别人都受不了这穷苦的忧愁，颜回却不改变他自有的快乐。真有贤德啊，颜回这个人！"

❀　❀　❀

6·18　子曰："质①胜文②则野，文胜质则史③。文质彬彬④，然后君子。"

注释： ①质：朴实，朴素。

②文：文采，文雅。

③史：虚浮不实。

④文质彬彬：此处形容人既文雅又朴实。

译文： 孔子说："朴实多于文采，就显得粗野；文采多于朴实，又显得虚浮。文采和朴实搭配适当，这才是个君子。"

❀　❀　❀

6·21　子曰："中人①以上，可以语②上也；中人以下，不可以语上也。"

①中人：指学问和领悟能力为中等水平的人。

②语：音yù，告诉，谈论。

译文： 孔子说："中等水平以上的人，可以告诉他高深的学问；中等水平以下的人，不可以告诉他高深的学问。"

❀　❀　❀

6·23　子曰："知者①乐水，仁者②乐山。知者动，仁者静。知者乐，仁者寿。"

注释： ①知者：即"智者"，指有智慧的人，有学问的人。

②仁者：有仁德的人，有爱心的人。

译文： 孔子说："有智慧的人喜欢流动的水，有仁德的人喜欢稳重的山。有智慧的人性好动，有仁德的人性好静。有智慧的人快乐，有仁德的人长寿。"

❀　❀　❀

6·27　子曰："君子博学于文，约之以礼，亦可以弗畔①矣夫！"

注释： ①畔：通"叛"，背离。

译文: 孔子说:"君子广泛地学习文献典籍,再用礼节来约束自己,这样就可以不离经叛道了吧!"

✾　✾　✾

6·29　子曰:"中庸①之为德也,其至②矣乎!民鲜③久矣。"

注释: ①中庸:这是孔子所提倡的最高的道德标准和思想方法。中,折中,无"过"也"无不及",调和。庸,平常,普遍适用。
②至:至高无上。
③鲜:音xiǎn,少,缺乏。

译文: 孔子说:"中庸这种道德,大概是最高的了!但是人们缺少这种道德已经很久了。"

✾　✾　✾

6·30　子贡曰:"如有博施于民而能济众,何如?可谓仁乎?"子曰:"何事于仁!必也圣①乎!尧舜②其犹病③诸!夫④仁者,己欲立而立人,己欲达而达人。能近取譬⑤,可谓仁之方也已。"

注释: ①圣:学问道德都臻于完美。孔子认为这是比"仁"更高的境界。

②尧舜：传说中上古的两位帝王，也是孔子心目中的榜样。

③病：担心，忧虑。

④夫：音fú，文言中的提挈词。

⑤譬：音pì，比方，比喻。

译文：　子贡说："假若有人能够广泛地给人民好处，又能周济大众，怎么样？可以说是仁了吗？"孔子说："哪里仅是仁！那一定是圣了！尧舜或许都难以做到呢！说起仁来，那就是自己要站得住，同时也要帮助别人站得住；自己要事事行得通，同时也要让别人事事行得通。能够从身边的实际事情一步步去做，可以说是实践仁德的方法了。"

述而篇第七

7·2 子曰:"默而识之^①,学而不厌^②,诲人不倦,何有于我哉?"

注释:①识:音zhì,记住。

②厌:满足。

译文:孔子说:"(把所见所闻)默默地记在心里,努力学习而不满足,教导别人而不厌倦,这些事情我做到了哪些呢?"

❋　❋　❋

7·3 子曰:"德之不修,学之不讲,闻义不能徙^①,不善不能改,是吾忧也。"

注释：①徙：迁移，指向义靠拢。

译文：孔子说："不去培养品德，不去讲习学问，听到了'义'的所在却不能向'义'靠拢，有缺点不能改正，这些都是我所忧虑的呀！"

✿　✿　✿

7·6　子曰："志于道，据于德，依于仁，游①于艺②。"

注释：①游：游乐。

②艺：指礼、乐、射、御、书、数六艺。

译文：孔子说："立志于'道'，根据在'德'，依靠着'仁'，而游憩于礼、乐、射、御、书、数六艺之中。"

✿　✿　✿

7·8　子曰："不愤①不启，不悱②不发，举一隅③不以三隅反，则不复也。"

注释：①愤：冥思苦想没有想通。

②悱：音fěi，想说而不能恰当地说出来。

③隅：音yú，方位。"一隅"指一点，一个方面。

译文：孔子说："教导学生，不到他冥思苦想也想不通的时候，不去开导他；不到他想说出来却说不出来的时候，不去启发他。教给他一个方面，他却不能由此推知其他几个方面，便不再教他新知识。"

7·16 子曰："饭疏食①，饮水②，曲肱③而枕之，乐亦在其中矣。不义而富且贵，于我如浮云。"

注释：①疏食：粗粮。

②水：古代常以"汤"和"水"对言，汤是热水，水是冷水。

③肱：音gōng，胳膊。

译文：孔子说："吃粗粮，喝冷水，弯着胳膊当枕头，也有着乐趣。通过干不正当的事而得来的富贵，在我看来就像天边的浮云。"

7·21 子不语怪，力，乱，神。

译文：孔子不谈论怪异、暴力、叛乱和鬼神。

7·24　子曰："二三子以我为隐^①乎？吾无隐乎尔。吾无行^②
　　　而不与二三子者，是丘也。"

注释：　①隐：隐瞒。

　　　　②行：行为，行事，行动。

译文：　孔子说："你们这些学生以为我有所隐瞒吗？我对你们没有
　　　　任何隐瞒。我没有任何行为不向你们公开，这就是我孔
　　　　丘的为人。"

❀　❀　❀

7·25　子以四教：文，行，忠，信。

译文：　孔子从四个方面教育学生：文献典籍，社会生活的实践，待
　　　　人忠诚，讲究诚信。

❀　❀　❀

7·37　子曰："君子坦荡荡^①，小人长戚戚^②。"

注释：　①荡荡：广大的样子。

　　　　②戚戚：悲伤忧愁的样子。

译文：　孔子说："君子心地平坦、胸怀宽广，小人却经常悲伤忧愁、
　　　　患得患失。"

8·3 曾子有疾，召门弟子曰：“启①予足！启予手！《诗》云：'战战兢兢，如临深渊，如履②薄冰。'而今而后，吾知免③夫！小子！”

注释：①启：开。“启予足”指掀开被子看看我的脚。

②履：踩在上面。

③免：免于祸害刑戮。

译文：曾参生病了，把他的学生召集到跟前来，说道：“看看我的脚！看看我的手！《诗经》上说：'小心谨慎呀！就好像临近深水潭边，就好像行走在薄冰之上一样。'从今以后，我才知道自己可以免于祸害刑戮了! 学生们!"

❀　❀　❀

8·5 曾子曰:"以能问于不能,以多问于寡;有若无,实若虚,犯而不校①。昔者吾友②尝从事于斯矣。"

注释:①校:音jiào,计较。

②吾友:历来的注释家都以为是指颜回。

译文:曾子说:"有能力却向无能力的人请教,知识丰富却向知识贫乏的人请教;有学问像没学问一样,满腹知识像学识空虚一样;即使被人冒犯,也不计较。从前我的一位朋友便曾这样做了。"

❀　❀　❀

8·9 子曰:"民可使由①之,不可使知之。"

注释:①由:跟从,听从。

译文:孔子说:"可以让老百姓照着我们指引的道路走去,却不能够让他们知道为什么要这样走。"

❀　❀　❀

8·13 子曰:"笃信好学,守死善道。危邦不入,乱邦不居。天下有道则见①,无道则隐。邦有道,贫且贱焉,耻也;邦无道,富且贵焉,耻也。"

注释: ①见:同"现",指从政做官。

译文: 孔子说:"坚定地相信我们的道,努力学习它,誓死固守它。不进入存在危险的国家,不留居发生动乱的国家。天下太平,就出来做官;不太平,就隐居。国家政治清明,自己却贫贱,是耻辱;国家政治黑暗,自己却富贵,也是耻辱。"

✿　✿　✿

8·14 子曰:"不在其位,不谋其政。"

译文: 孔子说:"不处在那个职位上,便不考虑它的政务。"

✿　✿　✿

8·17 子曰:"学如不及,犹恐失之。"

译文: 孔子说:"求学就好像(追逐什么)生怕赶不上一样,(赶上了)又生怕弄丢了。"

子罕篇第九

9·11　颜渊喟①然叹曰："仰之弥②高,钻之弥坚,瞻之在前,忽焉在后。夫子循循③然善诱人,博我以文,约我以礼,欲罢不能。既竭吾才,如有所立卓④尔。虽欲从之,末⑤由也已。"

注释:　①喟:音kuì,叹息。

②弥:音mí,愈,更加。

③循循:有步骤、有次序的样子。

④卓:高超出众。

⑤末:无。

译文：　颜渊感叹着说："老师的道德学问，越仰望越觉得高，越努力钻研越觉得深。眼看它就在前面，忽然又到后面去了。（虽然这样高深和不容易捉摸，）可是老师善于循序渐进地诱导我们，用各种文献典籍来丰富我的知识，又用一定的礼节规矩来约束我的行为，使我想停止学习都不可能。我已经用尽我的才智，似乎在道德学问上有所建树。可是我想再向前迈进一步，又不知怎样着手了。"

❊　❊　❊

9·17　子在川上曰："逝者①如斯夫②！不舍③昼夜。"

注释：　①逝者：指消逝的时光。

②夫：音fú，语气词，表感叹。

②舍：止息。

译文：　孔子在河边感叹道："消逝的时光就像河水一样呀！日夜不停地流去。"

❊　❊　❊

9·18　子曰："吾未见好①德如好色者也。"

注释：　①好：音hào，爱好，喜好。

译文：　孔子说："我没有看见过喜爱道德像喜爱美貌那样的人。"

❀　❀　❀

9·23　子曰："后生①可畏②，焉知来者之不如今也？四十、五十而无闻③焉，斯亦不足畏也已。"

注释：　①后生：年轻人。

②畏：敬畏，敬服。

③闻：名望，名声。

译文：　孔子说："年轻人是值得敬畏的，怎能断定后生晚辈赶不上现在的人呢？但一个人到了四五十岁还没有什么名望，那也就不值得敬服了。"

❀　❀　❀

9·29　子曰："知①者不惑，仁者不忧，勇者不惧。"

注释：　①知：通"智"。

译文： 孔子说："聪明的人不致迷惑，仁德的人没有忧愁，勇敢的人无所畏惧。"

❋　❋　❋

9·30　子曰："可与共学，未可与适①道；可与适道，未可与立；可与立，未可与权②。"

注释： ①适：往，去。

②权：权变，根据情况而变通。

译文： 孔子说："可以和他一同学习的人，未必可以和他一同达到道的要求；可以和他一同达到道的要求的人，未必可以和他一同事事依礼而行；可以和他一同事事依礼而行的人，未必可以和他一同通权达变。"

乡党篇第十

10·10　食不语，寝不言。

译文：　吃饭的时候不交谈，睡觉的时候不说话。

❀　❀　❀

10·26　升车，必正立，执绥①。车中，不内顾②，不疾③言，不
　　　　亲指④。

注释：　①绥：音suí，登车时扶手用的绳索。

　　　　②内顾：回头看。

　　　　③疾：快速。

④亲指：用手指点。

译文： 孔子登车的时候，一定先端正地站好，然后拉着扶手的绳索登车。在车中不回头看，不快速地说话，不用手指指点点。

颜渊篇第十二

12·1 颜渊问仁。子曰:"克己复礼[1]为仁。一日克己复礼,天下归[2]仁焉。为仁由己,而由人乎哉?"

颜渊曰:"请问其目。"子曰:"非礼勿视,非礼勿听,非礼勿言,非礼勿动。"

颜渊曰:"回虽不敏,请事[3]斯语矣。"

注释: ①克己复礼:克制自己,使自己的行为归到礼的方面去。

②归:称,赞许。

③事:从事,实行。

译文: 颜渊问什么是仁。孔子说:"克制自己,使自己的一切言语行动都合于礼，就是仁。一旦做到克制自己而一切都合于礼，天下的人都会称许你是仁人。实践仁德，全靠自己，难道是靠别人吗？"

颜渊说："请问修行仁德的纲领。"孔子说："不符合礼的事不看，不符合礼的话不听，不符合礼的话不说，不符合礼的事不做。"

颜渊说："我虽然迟钝，也要照着您的话去做。"

❋　　❋　　❋

12·5　司马牛忧曰："人皆有兄弟，我独亡①。"子夏曰："商②闻之矣：死生有命，富贵在天。君子敬而无失，与人恭而有礼。四海之内，皆兄弟也。君子何患③乎无兄弟也？"

注释：①亡：通"无"，没有。

②商：指卜商，字子夏。

③患：担心，着急。

译文：司马牛忧愁地说："别人都有好兄弟，单单我没有。"子夏说："我听说过这样的话：死生听之命运，富贵由天安排。君子只要做事严肃认真，不出差错，对待别人谦恭而讲礼，那么普天之下的人都会是他的好兄弟。君子又何必担忧没有兄弟呢？"

❈　❈　❈

12·16　子曰："君子成①人之美②，不成人之恶。小人反是。"

注释：　①成：成全。
　　　　②美：好事。

译文：　孔子说："君子成全别人的好事，而不促成别人的坏事。小人却反其道而行。"

❈　❈　❈

12·23　子贡问友。子曰："忠告而善道①之，不可则止，毋自辱焉。"

注释：　①道：音dǎo，同"导"，劝导。

译文：　子贡问交友之道。孔子说："忠心地劝告他，好好地引导他，如果他不听从，也就罢了，不要自取其辱。"

12·24　曾子曰："君子以文会友，以友辅仁。"

译文：　曾子说："君子用文章学问来结交朋友，用朋友来辅助自己培养仁德。"

13·2　仲弓①为季氏宰，问政。子曰："先有司，赦小过，举贤才。"

日："焉知贤才而举之？"子曰："举尔所知；尔所不知，人其舍诸？"

注释：①仲弓：冉雍，字仲弓，孔子弟子，小孔子二十九岁。

译文：仲弓做了季孙氏家的总管，问孔子怎样管理政务。孔子说："给工作人员带头，不计较人家的小错误，提拔优秀人才。"

仲弓说："怎样去识别优秀人才把他们提拔出来呢？"孔子说："提拔你所知道的；那些你所不知道的，别人难道会埋没他吗？"

✿　✿　✿

13·3　子路曰："卫君①待子而为政，子将奚先？"

子曰："必也正名乎！"

子路曰："有是哉，子之迂也！奚其正？"

子曰："野哉，由也！君子于其所不知，盖阙如也。名
不正，则言不顺；言不顺，则事不成；事不成，则礼乐
不兴；礼乐不兴，则刑罚不中；刑罚不中，则民无所
错②手足。故君子名之必可言也，言之必可行也。君子
于其言，无所苟③而已矣。"

注释：　①卫君：历来的注释家都认为是卫出公辄（zhé）。

②错：通"措"，安置。

③苟：不严肃。

译文：　子路对孔子说："假如卫君等着您去治理国政，您准备首先
干什么？"

孔子说："那一定是纠正名分上的用词不当罢！"

子路说："您的迂腐竟到如此地步吗！这又何必纠正？"

孔子说："仲由啊，你太鲁莽了！君子对于他所不懂的，大概都采取保留态度，（你怎么能乱说呢？）用词不当，言语就不能顺理成章；言语不顺理成章，工作就不可能搞好；工作搞不好，国家的礼乐制度也就建立不起来；礼乐制度建立不起来，刑罚也就不会得当；刑罚不得当，百姓就会惊恐不安，连手脚都不晓得摆在哪里才好。所以君子用一个词，一定（有他的理由，）可以说得出来；而顺理成章的话也一定行得通。君子对于他所说的话，是没有一点马虎随便的。"

❀　❀　❀

13·6　子曰："其身正，不令而行；其身不正，虽令不从。"

译文：　孔子说："统治者自身端正，即使他不发布命令，事情也行得通。统治者自身不端正，纵三令五申，百姓也不会听从。"

❀　❀　❀

13·18　叶公语①孔子曰："吾党②有直躬③者，其父攘④羊，而子证⑤之。"孔子曰："吾党之直者异于是：父为子隐，子为父隐，直在其中矣。"

注释：　①语：音yù，告诉。

　　　　②党：乡党，地方。

　　　　③直躬：以行为正直而立身。

　　　　④攘：音rǎng，偷窃。

　　　　⑤证：告发。

译文：　叶公告诉孔子说："我们乡党有个正直的人，他父亲偷了羊，他便去告发。"孔子说道："我们乡党中正直的人和你们的不同：父亲替儿子隐瞒，儿子替父亲隐瞒，正直就在这里面了。"

❀　❀　❀

13·19　樊迟问仁。子曰："居处恭，执事敬，与人忠。虽之①夷狄，不可弃也。"

注释：　①之：往，到。

译文：　樊迟问仁。孔子说："平日容貌态度端正庄严，办起事来严肃认真，与人交往忠心诚意。这几种品德，即使到了落后的夷狄之国，也是不能丢弃的。"

13·27　子曰："刚、毅①、木②、讷③近仁。"

注释：　①毅：果敢。

②木：质朴。

③讷：音nè，言语迟钝，指小心谨慎，不随便乱讲话。

译文：　孔子说："刚强、果敢、质朴、慎言，有这四种品德的人近
于仁德。"

❋　❋　❋

13·28　子路问曰："何如斯可谓之士矣？"子曰："切切偲
偲①，怡怡②如也，可谓士矣。朋友切切偲偲，兄弟
怡怡。"

注释：　①切切偲偲：切磋勉励。偲，音sī，相互督促、切磋的样子。

②怡怡：和顺的样子。

译文：　子路问道："怎样才可以叫作'士'呢？"孔子说："互相勉
励切磋，和睦共处，就可以算是'士'了。朋友之间互相勉
励切磋，兄弟之间和睦共处。"

14·2　子曰："士而怀^①居^②，不足以为士矣。"

注释：　①怀：怀念，留恋。

　　　　②居：安居，安逸的生活。

译文：　孔子说："作为读书人，却留恋安逸的生活，那就不配做读书人了。"

　　　　　　　　　❋　　❋　　❋

14·3　子曰："邦有道，危^①言危行；邦无道，危行言孙^②。"

注释：　①危：正。

②孙：音xùn，同"逊"，谦逊。

译文：　孔子说："国家政治清明，言语正直，行为正直；国家政治黑暗，行为正直，言语却要谦顺。"

❈　❈　❈

14·4　子曰："有德者必有言①，有言者不必有德。仁者必有勇，勇者不必有仁。"

注释：　①言：指善言，有价值的言论。

译文：　孔子说："有道德的人一定有善言，但有善言的人不一定有道德。有仁德的人一定勇敢，但勇敢的人不一定有仁德。"

❈　❈　❈

14·24　子曰："古之学者为己①，今之学者为人②。"

注释：　①为己：为了自己，指为了端正和充实自己。
　　　　②为人：为了他人，指为了向别人卖弄。

译文：　孔子说："古代学者学习是为了提高自己的学问道德，现代学者学习却是为了在别人面前装样子。"

✳ ✳ ✳

14·27　子曰："君子耻其言而过其行。"

译文：　孔子说："说得多，做得少，君子认为这样是可耻的。"

✳ ✳ ✳

14·30　子曰："不患人之不己知，患其不能也。"

译文：　孔子说："不担忧别人不了解我，只担忧自己没有能力。"

✳ ✳ ✳

14·34　或曰："以德①报怨，何如？"子曰："何以报德？以直②报怨，以德报德。"

注释：　①德：恩惠。
　　　　②直：正直，公正。

译文：　有人对孔子说："用恩惠来回报怨恨，怎么样？"孔子说："那拿什么来酬答恩惠呢？应该用公平正直来回报怨恨，用恩惠来酬答恩惠。"

卫灵公篇第十五

15·10　子贡问为仁。子曰："工欲善其事，必先利其器①。居是邦也，事②其大夫之贤者，友③其士之仁者。"

注释：　①器：工具。

②事：侍奉。

③友：以……为友，结交。

译文：　子贡问怎样培养仁德。孔子说："工匠要做好他的工作，一定要先完善他的工具。我们居住在一个国家，就要敬奉那些大官中的贤人，结交那些士人中的仁人。"

15·17　子曰："群居终日①，言不及义，好行小慧②，难矣哉！"

注释：　①终日：整天。

②小慧：小聪明。

译文：　孔子说："一伙人整天聚在一块儿，不说一句有道理的话，只喜欢卖弄小聪明，这种人真难教导！"

❋　❋　❋

15·18　子曰："君子义以为质①，礼以行之，孙②以出③之，信以成之。君子哉！"

注释：　①质：本质，原则。

②孙：音xùn，同"逊"，恭顺，谦恭。

③出：出言，讲话。

译文：　孔子说："君子以道义为原则，依礼节实行它，用谦逊的言语说出它，用诚实的态度完成它。这才是真君子呀！"

❋　❋　❋

15·19　子曰："君子病①无能焉，不病人之不己知②也。"

①病：忧虑，担心。

②不己知：即"不知己"。

译文： 孔子说："君子只担心自己没有能力，不担心别人不了解自己。"

❀　❀　❀

15·23　子曰："君子不以①言举②人，不以人废言。"

注释：①以：因，根据。

②举：提拔，推举。

译文：孔子说："君子不因为人家一句话说得好就提拔他，不因为别人有缺点而鄙弃他的正确建议。"

❀　❀　❀

15·27　子曰："巧言乱①德，小不忍，则乱大谋。"

注释：①乱：扰乱，败坏。

译文：孔子说："花言巧语足以败坏道德，小事情不忍耐，就会坏了大事情。"

15·29　子曰："人能弘^①道，非道弘人。"

注释：　①弘：扩大，弘扬。

译文：　孔子说："人能够把道发扬光大，不是道来弘扬光大人。"

❀　❀　❀

15·31　子曰："吾尝终日不食，终夜不寝，以思，无益，不如学也。"

译文：　孔子说："我曾经整天不吃饭，整晚不睡觉，去苦苦思索，但没有益处，不如去学习。"

❀　❀　❀

15·32　子曰："君子谋^①道不谋食。耕也，馁^②在其中矣；学也，禄^③在其中矣。君子忧道不忧贫。"

注释：　①谋：图谋，营求。

　②馁：音něi，饥饿。

　③禄：俸禄。

译文：　孔子说："君子只谋求道而不谋求衣食。耕田，也常常挨饿；

学习，却常常得到俸禄。所以君子只担忧得不到道，不担忧自己贫穷。"

✽ ✽ ✽

15·34 子曰："君子不可小知^①而可大受^②也，小人不可大受而可小知也。"

注释： ①小知：做小事情。

②大受：承担重任。

译文： 孔子说："君子不可以用小事情考验他，却可以承担重任；小人不可以承担重任，却可以用小事情考验他。"

✽ ✽ ✽

15·36 子曰："当^①仁，不让于师。"

注释： ①当：面临，面对。

译文： 孔子说："面临符合仁德的事，就是老师，也不必同他谦让。"

✽ ✽ ✽

15·39 子曰："有教无类^①。"

注释： ①类：种类，类别。

译文： 孔子说："人人我都教育，没有（贫富、地域等）区别。"

❋　❋　❋

15·40　子曰："道①不同，不相为谋②。"

注释： ①道：指政治主张、人生态度、学术观点等。

②谋：商议。

译文： 孔子说："主张不同，不互相商议。"

16·4　孔子曰："益者三友，损者三友。友直，友谅①，友多闻，益矣。友便辟②，友善柔③，友便佞④，损矣。"

注释：　①谅：诚信。

②便辟：音pián pì，逢迎谄媚。

③善柔：善于伪装柔顺，背后却说人坏话。

④便佞：音pián nìng，花言巧语。

译文：　孔子说："有益的朋友有三种，有害的朋友也有三种。同正直的人交朋友，同诚信的人交朋友，同见闻广博的人交朋友，便有益了。同谄媚奉承的人交朋友，同口蜜腹剑的人交朋友，同花言巧语的人交朋友，便有害了。"

❀　❀　❀

16·5　孔子曰："益者三乐①，损者三乐。乐节礼乐，乐道②人
　　　　之善，乐多贤友，益矣。乐骄乐，乐佚③游，乐宴乐④，
　　　　损矣。"

注释：①乐：爱好，以……为乐。

②道：称道。

③佚：音yì，同"逸"，游荡无度。

④宴乐：宴饮取乐。

译文：孔子说："有益的快乐有三种，有害的快乐也有三种。以得到
礼乐的陶冶为快乐，以称道别人的好处为快乐，以交了不少
有益的朋友为快乐，就有益了。以骄傲放肆为快乐，以游荡忘
返为快乐，以宴饮作乐为快乐，就有害了。"

❀　❀　❀

16·6　孔子曰："侍于君子有三愆①：言未及之而言谓之躁，
　　　　言及之而不言谓之隐，未见颜色②而言谓之瞽③。"

①愆：音qiān，过失，差错。

②颜色：脸色。

③瞽：音gǔ，眼瞎。

译文： 孔子说："侍奉君子容易犯三种过失：没轮到他说话却先说了，叫作急躁；该说话的时候却不说，叫作隐瞒；不看看别人的脸色便贸然开口，叫作瞎了眼。"

�֎   �֎   ✖

16·9　孔子曰："生而知之者上也，学而知之者次也；困而学之，又其次也；困而不学，民斯①为下矣。"

注释：　①斯：此，这。

译文：　孔子说："生来就知道的是上等，学习了才知道的是次一等；遇到困难才去学习的，又是再次一等；遇到困难仍不学习，这样的人就是最下等的了。"

阳货篇第十七

17·22 子曰："饱食终日①，无所用心，难矣哉！不有博②弈③者乎？为之，犹贤④乎已。"

注释：①终日：整天。

②博：即六博，古代的一种棋局游戏。共十二棋，黑白各六，二人对博，先掷骰子，再走棋。

③弈：围棋。

④贤：胜，强。

译文：孔子说："整天吃饱了饭，什么事也不做，不行的呀！不是有六博和围棋的游戏吗？做做这些也比闲着什么也不做好。"

❋　❋　❋

17·23　子路曰："君子尚^①勇乎？"子曰："君子义^②以为上，君子有勇而无义为乱，小人有勇而无义为盗。"

注释：　①尚：崇尚，尊尚。

②义：正义，合理，合宜。

译文：　子路问道："君子崇尚勇敢吗？"孔子说："君子认为义是最高尚的，君子有勇而无义，就会犯上作乱；小人有勇而无义，就会做土匪强盗。"

子张篇第十九

19·6　子夏曰："博学而笃志①，切②问而近思，仁在其中矣。"

注释：　①笃志：坚守自己的志向。

　　　　②切：恳切。

译文：　子夏说："广泛地学习，坚守自己志向；恳切地发问，多思考当前的问题，仁德就在其中了。"

❀　❀　❀

19·7　子夏曰："百工①居肆②以成其事，君子学以致③其道。"

①百工:各种工匠。

②肆:音sì,作坊。

③致:达到,求得。

译文: 子夏说:"各种工匠居住在作坊里完成他们的工作,君子则通过学习来获得真理。"

❋　❋　❋

19·9　子夏曰:"君子有三变:望之俨然①,即②之也温,听其言也厉③。"

注释: ①俨然:庄重严肃的样子。

②即:靠近。

③厉:严厉。

译文: 子夏说:"君子给人的印象会有三种变化:远远望去,觉得庄严可畏;向他靠拢,觉得温和可亲;听他的话,又觉得严厉不苟。"

❋　❋　❋

19·13　子夏曰："仕^①而优^②则学,学而优则仕。"

注释:　①仕:做官。

②优:充裕,有余力。

译文:　子夏说:"做官做得好,还有余力,便去学习;学习学得好,

还有余力,便去做官。"

尧曰篇第二十

20·3　孔子曰："不知命^①，无以为君子也。不知礼，无以立也。不知言，无以知人也。"

注释：　①命：命运，天命。

译文：　孔子说："不懂得命运，就不可能成为君子；不懂得礼，就无法立足于社会；不懂得分辨别人的言语，就不可能了解人。"

参 考 文 献

中文参考书目：

[1] 杨伯峻,《论语译注》, 中华书局，2017 年版。

[2] 傅佩荣,《人能弘道:傅佩荣谈论语》,东方出版社,2012 年版。

[3] 于丹,《于丹〈论语〉心得》, 三联书店，2017 年版。

[4] 张葆全,《论语通译》,漓江出版社，2007 年版。

日文参考书目：

[1] [日] 金谷治译注,《论语》, 岩波文库，1999 年版。

[2] [日] 宇野哲人,《论语新释》, 讲谈社学术文库，1980 年版。

图书在版编目（CIP）数据

写给小学生的论语 /（日）斋藤孝 著；王多佳 译 . —北京：东方出版社，
2020.5
ISBN 978-7-5207-1480-8

Ⅰ . ①写… Ⅱ . ①斋… ②王… Ⅲ . ①儒家②《论语》—少儿读物 Ⅳ . ① B222.2-49

中国版本图书馆 CIP 数据核字（2020）第 038697 号

SHOGAKUSEI NO TAMENO RONGO
Copyright © Takashi SAITO
Interior design byDesignphil Inc.
First published in Japan in 2010 by PHP Institute, Inc.
Simplified Chinese translation rights arranged with PHP Institute, Inc.
Through Hanhe International (HK) Co., Ltd.

本书中文简体字版权由汉和国际（香港）有限公司代理
中文简体字版专有权属东方出版社
著作权合同登记号 图字 : 01-2019-3360

写给小学生的论语
（XIEGEI XIAOXUESHENG DE LUNYU）

作　　者：[日] 斋藤孝
译　　者：王多佳
策 划 人：王莉莉
责任编辑：王莉莉　张　伟
产品经理：张　伟
出　　版：东方出版社
发　　行：人民东方出版传媒有限公司
地　　址：北京市西城区北三环中路6号
邮　　编：100120
印　　刷：小森印刷（北京）有限公司
版　　次：2020 年 5 月第 1 版
印　　次：2021 年 12 月第 2 次印刷
印　　数：6001— 36000
开　　本：880 毫米 ×1230 毫米　1/32
印　　张：5.5
字　　数：52 千字
书　　号：ISBN 978-7-5207-1480-8
定　　价：42.50 元
发行电话：（010）85924663　 85924644　 85924641

上架建议◇少儿国学/畅销

ISBN 978-7-5207-1480-8

9 787520 714808 >

定价：42.50元